子羊を助けた日

ヴァーツラフ・ベドジフ、ボフミル・シシュカ え
ヴァーツラフ・ベドジフ、ヴァーツラフ・チュトブルテク ぶん
かい みのり やく

花たちが、いっせいに　ふわふわと　笑う

ある日の　おはなしです。

ルル　ララ　ルラル

森の精アマールカが、おどるように　さんぽを

していると　きゅうくつな　橋に　たどりつきました。

アマールカが、橋(はし)を　わたりかけると
むこうがわから　だれかが　やってきました。
「あなたは　だれ?」
「ぼくは　子羊(こひつじ)の　まきげ。　ここは　ぼくだけの　とおりみちだ。
ここからさきへ　とおすことは　できないよ」

「でも　わたし　どうしても　むこうへ　わたりたいの」
「だめだよ　だって　ぼくは　ガンコものの　ひつじなんだ」
しかし　男の子が　女の子の　なみだに　よわいことを
しっている　アマールカは　おおきなひとみから
あまく　ひかる　なみだを　ポロリ。

子羊は　たちまち　目のまえにいる　女の子に

なにか　してあげたくなって　やさしいこえで　いいました。

「わかったよ　きみは　とくべつだ」

「まあ、うれしいわ　ありがとう」

アマールカは、ぱっと　笑顔を　とりもどし

ていねいに　お礼をいって　子羊を　ぎゅっとだきしめ

くすぐったくなるほど　なでました。

「おれいに　わたしの　ひみつの野原へ　案内してあげる

わたしのあとに　ついてきて！」

子羊は　うれしくて　にっこり。

ぴょこぴょこぴょこんと　とびはねながら

アマールカのあとに　つづきます。

おかをこえて　たどりついたのは

蜜のかおりで　いっぱいの　花の園。

れんげや　スミレ、わすれなぐさが　ゆれています。

アマールカは　花かんむりをあみ

子羊は　むしゃむしゃ　花をたべるのに　むちゅう。

「あれれ…　なんだか　おなかが　ちくちくする」

とつぜん　子羊が　くるしそうに　うったえます。

「まぁ　子羊さんたら　たべすぎてしまったのね!」

アマールカは、ひっしに　子羊を　かいほうしますが

ちっとも　よくなりません。

「わたし、おくすりの葉を　つんでくるわ。

おとなしく　まっていてね」

けれども　ガンコものの　子羊(こひつじ)のこと、

けっきょく　じぶんで　おくすりを　さがしにでてしまいました。

「ずいぶん　とおくへ　きてしまったなぁ」

ふと　こころぼそく　おもったそのとき

かなしげな花(はな)と　目(め)があいました。

「どうしたの？　かなしいことでも　あったのかい？」

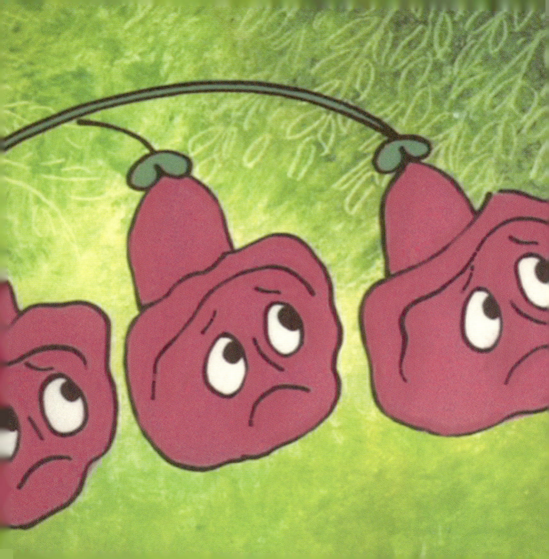

「ひつじが　もうなんびきも　とおったのに　だれも
ぼくらの葉を　かんで　くれないんだ」
「それなら　ぼくが　かんであげようか？」
「ウシシ…　それは　それは　ありがたい…」
しんせつな　子羊が　さっそく　葉をかんであげると
目はぐるぐる　色がチカチカ　耳のおくはゴンゴンゴン！
たちまち、かなしげな花の　まほうに　かかってしまいました。

『こっちじゃよ　子羊くん　おいで　おいで…』

けわしい　ガケの　したから　あやしい声が　きこえてきます。

子羊が　ガケを　のぼりきった　そのとき…

アマールカの　おおきな声が

きこえてきました。

「まって　子羊さん　動いてはだめ!」

その声で　子羊は　しょうきにもどり

がけからおちずに　すみました。

アマールカは　かなしげな花の　魔法をとくために

子羊を泉へ　つれていき　ねむり草で　ぐっすり　ねむらせました。

すっかり　夜もふけた　月あかりのした、

とくいのダンスを　おどりながら　子羊が

めざめるのを　おいのりするように　まちます。

ルル　ララ　ルラル

アマールカの　あいらしい姿に　お月さまも　うっとり。

ところが　あまりに　身をのりだして

アマールカの　ダンスに　夢中に　なるうち

お月さまは　ストンと空から　落ちてしまいました。

ジャッポン　ブクブク

お月さまは　泉(いずみ)のそこへ　しずんでしまい　アマールカが

たすけようと　手(て)をのばしても　とどきません。

そのうえ　お月(つき)さまのつめたさで　みるみる　水(みず)がこおっていきます。

「こまったわ　これじゃあ　お月さまがそらへ　かえれなくなっちゃう」

ポロ　ポロ　ポロ　ポロ

なみだをながす　アマールカ。

そのとき　アマールカの　なみだに　さそわれて　パチリ

子羊が　めを　さましました。

魔法のせいで　のどがカラカラの　子羊は

泉のこおりを　つきやぶり　いきおいよく　水をのみはじめます。

ゴク　ゴク　ゴク　ゴックン！

水が　からっぽになった　おかげで

お月さまは　泉の底から　ぬけだし

ゆっくり　空へ　のぼっていきます。

「ありがとう　もしもあのまま　泉の底で

こおっていたら　夜はまっくらになっていたでしょう」

「おやすみなさい　お月さま」

アマールカと　子羊は　夜空にむかって　手をふり

森には　いつもとかわらぬ　しずかな夜が　おとずれました。

アマールカ　子羊を助けた日（1973年製作）
原案・脚本　ヴァーツラフ・チュトブルテク　　　監督・脚本　ヴァーツラフ・ベドジフ
美術　ヴァーツラフ・ベドジフ、ボフミル・シシュカ　　　絵本版日本語訳　甲斐みのり

アマールカ絵本シリーズ②『子羊を助けた日』

2012年4月17日　初版第1刷発行

発行人　大谷秀政（LD&K Inc.）　　発行元・発売元　株式会社LD&K　　www.ldandk.com　　FAX:03-5464-7412
デザイン　栗谷川舞（STUBBIE Ltd.）　　編集　小林祐子（LD&K Inc.）　　印刷　大日本印刷株式会社
企画・制作 プロデューサー　谷口周平（LD&K Inc.）・眞部学（アットアームズ）　　協力　アットアームズ・HORIPRO
©Licence provided by Czech Television B.Siska and V.Bedrich Master licensee in Japan, AT ARMZ
©2012 LD&K BOOKS/LD&K Inc. printed in Japan　ISBN978-4-905312-15-4

※落丁・乱丁本はお取り替えいたします　※禁・無断転載
アマールカ公式ホームページ　http://www.amalka-project.com